Beginner's Spanish Reader

Everyday life experiences of young Spanish-speaking people

Claude Dale
and
Anne Topping

National Textbook Company
a division of *NTC Publishing Group* • Lincolnwood, Illinois USA

1996 Printing

This edition first published in 1984 by National Textbook Company, a division of NTC Publishing Group, 4255 West Touhy Avenue, Lincolnwood (Chicago), Illinois 60646-1975, which has been granted exclusive publishing rights throughout the United States of America, its territories and possessions, the Philippine Islands and Canada, with the non-exclusive right to sell copies thereof throughout the rest of the world excluding the British Commonwealth and Empire, the Union of South Africa, the Irish Republic, Burma, Egypt, Iraq, Israel, Jordan and the British Trusteeships Manufactured in the United States of America.

6 7 8 9 ML 9

Preface

Beginner's Spanish Reader is a remarkable book. It is actually designed to entertain the beginning Spanish student at junior or senior high level. Through twenty-seven lively and self-contained vignettes, students are introduced to Spanish teenagers, their families and friends who live in a multi-racial, working-class district of a Spanish city. Culturally authentic and often amusing situations are portrayed through dialogue, and students will be delighted as they discover such typical characters as the "portera" for whom the teenagers' antics are a constant annoyance and the teacher who is also the affectionate victim of their exuberance.

The language employed in *Beginner's Spanish Reader* is very simplified, but authentic. The exclusive use of the present tense makes this a manageable reader which students will be able to handle successfully. The vocabulary chosen for the stories is of high frequency, and most words are repeated often to encourage mastery.

Each numbered reading is followed by one or more exercises, including reading comprehension, vocabulary manipulation and free completion. Tongue twisters and word puzzles are included for motivation and enjoyment. A detailed vocabulary and a list of typical questions follow the readings and have been included so that students can easily work individually.

A Teacher's Guide to *Beginner's Spanish Reader* is available.

Table of Contents

1 ¿Qué hay en España?

En España

hay una ciudad.

En la ciudad hay un edificio.

En el edificio hay un piso.

En el piso hay una cocina.

En la cocina hay una familia. Los padres se llaman el señor y la señora Hernández. Los hijos se llaman Joaquín y Teresa. Su perro se llama Valiente.

A Conteste

1 ¿Qué hay en España?
2 ¿Qué hay en la ciudad?
3 ¿Qué hay en el edificio?
4 ¿Qué hay en el piso?
5 ¿Cómo se llaman los padres?
6 ¿Cómo se llaman los hijos?
7 ¿Cómo se llama su perro?

B Dibuje y escriba

1 una ciudad **2** un edificio **3** una cocina **4** un perro **5** una familia

2 Por la mañana

A las siete, el señor Hernández va a la estación. Lleva una tartera. En la caja hay pan, queso y chorizo.

A las siete y cuarto, la señora Hernández va a correos. Trabaja en correos por la mañana. Lleva un bolso. En el bolso hay agujas y lana.

A las ocho menos cuarto, Joaquín y Teresa van al instituto. Llevan libros y cuadernos.

Valiente se queda en el piso. Mira la puerta. Está triste.

A Conteste

1 ¿Adónde va el señor Hernández?
2 ¿Adónde va la señora Hernández?
3 ¿Adónde van Teresa y Joaquín?
4 ¿Qué lleva el señor Hernández?
5 ¿Qué lleva la señora Hernández?
6 ¿Qué llevan Teresa y Joaquín?
7 ¿Qué hay en la caja del señor Hernández?
8 ¿Qué hay en el bolso de la señora Hernández?
9 ¿Quién se queda en el piso?
10 ¿Qué hace?

B Dibuje y escriba

1 un pan **2** un bolso **3** una caja **4** una puerta
5 un instituto **6** un libro **7** una estación

3 La señora de la Fuente

Joaquín y su amigo Fernando compran pan, leche, chorizo y queso en el supermercado.

Después, van a visitar a la señora de la Fuente. Hace mucho calor.

La señora de la Fuente está sentada en un sill
Tiene ochenta años y hoy no sale. Fernando pone el pan, la leche, el chorizo y el queso sobre la mesa. La señora ofrece un pastel a los chicos y dice: 'Muchas gracias; ustedes son muy simpáticos'.

Violeta, la gata,
ve la leche y se sube
a la mesa.
Hace, 'miau'.

A Conteste

1 ¿Qué compran Joaquín y Fernando?
2 ¿Qué ve Violeta sobre la mesa?
3 ¿Adónde van Joaquín y Fernando?
4 ¿Dónde está sentada la señora de la Fuente?
5 ¿Dónde pone el pan Fernando?
6 ¿Quién se sube a la mesa?
7 ¿Quién no sale hoy?
8 ¿Cuántos años tiene la señora de la Fuente?
9 ¿Qué dice?
10 ¿Qué tiempo hace?

B Pronuncie

¡Baja la jaula, Jaime!

El ping-pong

Es miércoles. Son las siete de la tarde. Teresa y Joaquín juegan al ping-pong con sus amigos. Juegan en un garaje.

Teresa juega con Pepe. Es simpático y juega bien. Joaquín juega con Lolita. Es muy guapa y muy simpática, ¡pero juega muy mal!

El perro de Pepe entra en el garaje. Coge la pelota y corre a la calle.

'¡Ay!' dice Teresa.
Joaquín sonríe. ¡Está contento!

A Conteste

1 ¿Dónde juegan Joaquín y Teresa?
2 ¿Adónde corre el perro?
3 ¿Juega bien Pepe?
4 ¿Es simpática Lolita?
5 ¿Quién coge la pelota?
6 ¿Quién está contento?
7 ¿Quién juega mal?
8 ¿Qué dice Teresa?
9 ¿Qué día es?
10 ¿Qué hora es?

B Construya frases

1 Fernando y Pablo juegan . . .
2 María dice . . .
3 Es . . .
4 Carlos toma . . .

5 Conversación en un café

La señora Hernández ¡Camarero! Dos tés, por favor.
El camarero Sí, señora.
Un hombre ¡Camarero! ¡Camarero! ¡Un vino blanco!
El camarero Sí, señor.
Una chica Un helado de fresa, por favor.
El camarero Sí, señorita.
Un estudiante Tres cafés y una cerveza, por favor.
El hombre Pronto, camarero. Tengo sed.
El camarero Vuelvo en seguida. Su helado de fresa, señor.
El hombre ¡Ah no! ¡Los helados no me gustan!

A Construya frases

1 Fernando bebe . . . **2** '. . . por favor, camarero.' **3** El señor y la señora González beben . . . **4** Sobre la mesa hay . . . **5** Una mujer mayor come . . . **6** 'Señor, su . . .'

B Mire la página 12 y conteste a las preguntas

1 ¿Qué es esto?
2 ¿Qué es esto?
3 ¿Qué es esto?
4 ¿Qué es esto?
5 ¿Qué es esto?
6 ¿Quién es?
7 ¿Quién es?

C Dibuje y escriba

La señora Hernández y Teresa están sentadas en la terraza de un café.

6 Joaquín y la portera

Es mediodía. Joaquín y sus amigos juegan al balón en el patio del edificio. Delante del piso de la señora de la Fuente hay flores.

La señora de la Fuente y la portera están en el patio. Charlan. Joaquín lanza el balón y rompe una maceta.

'¡Oh, perdón, señora!' dice.
'No importa, Joaquín, replica la señora.
La portera es antipática. A ella no le gusta Joaquín.
'¡Voy a ver a tu padre!' grita.
Joaquín tiene miedo. Su padre está en la cama y duerme.

Conteste

1 ¿Qué hacen Joaquín y sus amigos?
2 ¿Qué hacen la señora de la Fuente y la portera?
3 ¿Quién es antipática?
4 ¿Quién tiene miedo?
5 ¿Qué dice Joaquín a la señora de la Fuente?
6 ¿Qué replica la señora de la Fuente?
7 ¿Dónde está el señor Hernández?
8 ¿Dónde hay flores?
9 ¿Dónde están la señora de la Fuente y la portera?
10 ¿Qué hora es?

7 La discoteca

Es sábado por la noche. Joaquín y Teresa toman el autobús y van a la discoteca.

Llegan a las ocho. Un chico saca a bailar a Teresa. Tiene el pelo negro y lleva una camisa roja. 'Me llamo Miguel' dice. 'Y tú, ¿cómo te llamas?'

Joaquín y sus amigos hablan del campeonato de liga.

Una chica mira a Joaquín y sonríe. Es muy guapa y lleva un vestido muy bonito. Joaquín se levanta. '¿Quieres bailar?' le dice.

A Conteste

1 ¿Qué hacen Teresa y Joaquín?
2 ¿Qué hacen Joaquín y sus amigos?
3 ¿Qué hace el chico?
4 ¿Qué hace la chica?
5 ¿Qué dice Joaquín?
6 ¿Qué dice el chico?
7 Describa a la chica.
8 Describa al chico.
9 ¿A qué hora llegan Joaquín y Teresa?
10 ¿Qué día es?

B Construya frases

1 Llegan a . . .
2 La chica dice . . .
3 Fernando lleva . . .
4 ¿Quieres . . .?

8 El sótano

Teresa baja al sótano. En el sótano hay una cama vieja, un sillón, maletas y un armario. Teresa abre una maleta y busca un diccionario.

De pronto está a oscuras. Va a la puerta y tropieza con la cama.

'¡Ay!' grita.

Joaquín enciende la luz.

'¿Qué tal?', pregunta sonriendo.

Teresa tira un cojín y un cesto pequeño a la cabeza de su hermano.

'Y tú, ¿qué tal?' le dice.

Joaquín no replica. Sale rápidamente del sótano.

A Conteste

1 ¿Adónde baja Teresa?
2 ¿Qué hay en el sótano?
3 ¿Qué abre Teresa?
4 ¿Qué busca?
5 ¿Qué hace Teresa con el cojín y el cesto?
6 ¿Quién tropieza con la cama?
7 ¿Quién enciende la luz?
8 ¿Qué grita Teresa?
9 ¿Qué pregunta Joaquín?

B Construya frases

1 Juanita va a . . .
2 Pablo abre . . .
3 En la casa hay . . .
4 Miguel busca . . .

9 La televisión

Joaquín, Teresa y su padre están mirando la televisión. Ven a un hombre. Anda por la calle y lleva una maleta. '¡Teresa! ¡Teresa!' grita la señora Hernández.

Llegan dos guardias. El hombre corre por el puente. Un tren se acerca.

'¡Teresa! ¡Teresa!' grita la señora Hernández.

De pronto, el hombre salta sobre el techo del tren. La señora Hernández entra en el comedor. Ve al hombre sobre el techo del tren.

El hombre resbala . . .

La señora Hernández se sienta en el sofá y mira la televisión también.

A Conteste

1 ¿Qué hacen Joaquín y Teresa?
2 ¿Por dónde anda el hombre?
3 ¿Adónde salta?
4 ¿Qué ve la señora Hernández?
5 ¿Qué lleva el hombre?
6 ¿Qué grita la señora Hernández?
7 ¿Grita su madre?
8 ¿Quién entra en el comedor?
9 ¿Quién resbala?
10 ¿Quién se sienta en el sofá?

B Construya frases

1 Un chico salta . . .
2 La señora Merinero entra en . . .
3 Ana mira . . .
4 El hombre . . .
5 De pronto . . .

10 El partido

El instituto de Teresa y Joaquín se llama Instituto de Segunda Enseñanza García Lorca. Hoy Teresa y María juegan un partido de baloncesto. Llevan jerseys y faldas amarillas. Cada equipo ha marcado tres goles. María corre mucho y pasa el balón a Teresa. Todos los espectadores gritan.

Los amigos de Teresa y María gritan: '¡Ale, Teresa! ¡Ale, Teresa!'

Teresa duda un segundo, y después tira el balón.

'¡Gol!' gritan los espectadores.

El árbitro silba. El partido termina aquí.

'¡Bravo, Teresa!' dice Fernando.

'Muy bien, Teresa,' dice Joaquín.

A Conteste

1. ¿Qué hacen Teresa y María?
2. ¿Qué hacen los espectadores?
3. ¿Qué hace María?
4. ¿Qué hace Teresa?
5. ¿Qué hace el árbitro?
6. ¿Qué dice Fernando?
7. ¿Qué dice Joaquín?
8. ¿Cómo se llama el instituto de Teresa y Joaquín?
9. ¿Qué gritan los amigos de Teresa?
10. ¿Qué llevan Teresa y María?

B Construya frases

1. Las chicas juegan...
2. Los espectadores gritan...

11 Conversación en el parque

Joaquín, Valiente y Pilar se pasean por el parque.

Joaquín ¿Quieres un helado, Pilar?

Pilar Sí, gracias.

Joaquín (*al vendedor de helados*) Dos helados de chocolate por favor, señor.

El vendedor de helados Aquí los tiene.

Pilar Gracias, Joaquín. Eres muy simpático.

(Llega un chico)

Pepe ¡Hola, Pilar! ¿Quieres venir al cine?

Pilar Sí, vamos.

Pepe Adiós, Joaquín.

Pilar Adiós, Joaquín.

Joaquín ¡Las chicas! Pilar es tonta. Ven, Valiente.

12 Unir los dos trozos

13 Teresa y Joaquín escriben

Son las seis de la tarde. Joaquín escribe una nota a su amigo Fernando. Después sale.

Teresa mira por la ventana. Su hermano pone la nota en una lata de conservas.

Deja la lata en la calle. Cinco minutos más tarde, Teresa baja a la calle con su amiga Asunción. Leen la nota.

‘¡Ay!’ dice Teresa. ‘¡Está en números!’.

3, 9, 20, 1   5, 14   12, 1
5, 19, 20, 1, 3, 9, 15, 14
1   12, 1, 19   19, 9, 5, 20, 5

A Actividades

1 Lea la nota de Joaquín. (Ver página 61).
2 Teresa escribe una nota también. Si tiene un espejito puede leer su nota.

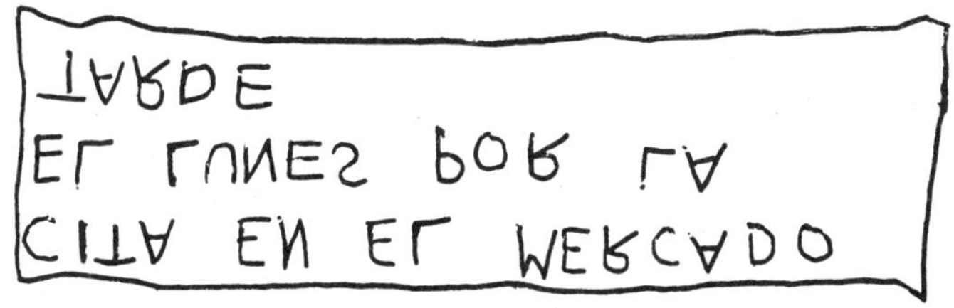

3 Escriba una nota en números a su amigo (a).

B Rían

14 Teresa y Manolo

Manolo tiene una moto muy bonita.

'¿Quieres ir al campo, Teresa?' le pregunta.

Teresa acepta la invitación con mucho gusto. Van a mucha velocidad y Teresa está contenta.

'¡Más rápido, Manolo!' grita Teresa.

Manolo va a ciento diez kilómetros por hora, después a ciento veinte. De pronto, ven a una señora mayor que está cruzando la calle. Manolo frena y se para a tiempo. Está pálido, Teresa también.

'¿Pero estáis locos?' grita la señora.

A Conteste

1 ¿Qué pregunta Manolo?
2 ¿Qué grita Teresa?
3 ¿Qué grita la señora?
4 ¿Quién tiene una moto?
5 ¿Quién acepta la invitación?
6 ¿Qué hace la vieja?
7 ¿Qué hace Manolo?
8 ¿Está pálido Manolo?
9 ¿Está contenta la señora?
10 Describa la moto.

B Copie y termine

1Km = $\frac{5}{8}$ milla

100 Km = $\frac{5}{8} \times 100 = \frac{500}{8} = 62\frac{1}{2}$ millas

110 km = ?

120 km = ?

15 La clase de química

Son las diez y cuarto. María y Teresa están en el laboratorio de química. María trabaja mucho. Teresa charla mucho.

'Cállate un poco, Teresa', dice la señorita Prada.

Las dos chicas comen un chicle.

'Pon el chicle en la papelera', dice la señorita Prada.

Cuando Teresa vuelve a su sitio, tira un taburete. Sus amigos se ríen.

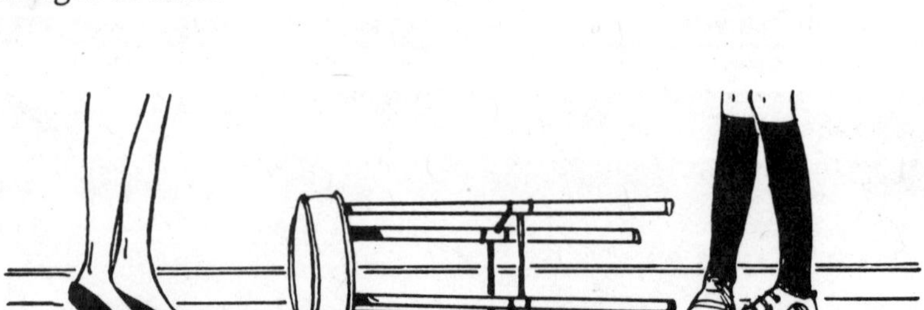

'Teresa, sal de la clase', dice la señorita Prada. 'Cuidado, está de mal humor hoy', dice María.

A Conteste

1 ¿Qué comen María y Teresa?
2 ¿Qué tira Teresa?
3 ¿Quién habla mucho?
4 ¿Quién trabaja mucho?
5 ¿Qué dice la señorita Prada la primera vez?
6 ¿Qué dice la segunda vez?
7 ¿Qué dice la tercera vez?
8 ¿Qué dice María?
9 ¿Qué hora es?
10 ¿Dónde están Teresa y María?

B ¿Qué palabra quita Ud.?

1 bonito, sábado, miércoles, domingo, jueves
2 el mercado, el café, el museo, la tienda, la camisa
3 un árbitro, un pescador, un mostrador, un espectador, un bombero
4 gris, rojo, marrón, pronto, negro

16 El mercado

El tío de Joaquín vende frutas y hortalizas en el mercado. Hoy es sábado. Joaquín trabaja con su tío. Abre una caja de cartón. El señor González vende un kilo de cerezas a una mujer.

'Son muy buenas, señora', dice.

Un chico esconde unos melocotones en sus bolsillos y cruza la calle.

Joaquín corre detrás de él.
'¡Ladrón!' grita.
Pasa un guardia.

El chico tiene miedo. Le da los melocotones a Joaquín . . .

y se marcha.

A Conteste

1 ¿Qué hace el tío de Joaquín en el mercado?
2 ¿Qué hace Joaquín?
3 ¿Qué hace el chico?
4 ¿Qué dice el señor González?
5 ¿Qué grita Joaquín?
6 ¿Quién pasa por la calle?
7 ¿Quién tiene miedo?
8 ¿Quién corre detrás del chico?
9 ¿Qué vende el señor González a una señora?
10 ¿Qué da el chico a Joaquín?

B Adivinanzas

1 Un hombre lleva una bandeja con dos cervezas, un helado de fresa y tres cafés. ¿Quién es?
2 Un edificio con sillas, mesas, libros, alumnos y profesores. ¿Qué es?
3 Una fruta roja, redonda y pequeña. ¿Qué es?

17 La tienda

Es sábado. A las diez de la noche, Teresa, Joaquín y su amigo Adolfo pasan por delante de una tienda.

'¡Mira!, la puerta está abierta', dice Teresa.

Los jóvenes entran en la tienda. Está a oscuras. Adolfo enciende la linterna. Sobre el mostrador hay una botella de coñac, dos vasos, una pulsera, un anillo y tres relojes. Joaquín abre un armario. Llega un hombre. Lleva un sombrero y gafas de sol.

'¿Qué pasa aquí?' les pregunta.

Los jóvenes no contestan. Salen rápidamente de la tienda.

A Conteste

1 ¿Qué día es?
2 ¿Qué hace Joaquín?
3 ¿Qué hace Adolfo?
4 ¿Qué dice Teresa?
5 ¿Qué dice el hombre?
6 ¿Qué contestan los jóvenes?
7 ¿Qué hacen?
8 ¿Qué lleva el hombre?
9 ¿Qué hay en el mostrador?
10 ¿A qué hora pasan Joaquín y Teresa por delante de la tienda?

B Construya frases

1 A las diez de la noche...
2 Lleva...

18 ¿Qué pasa?

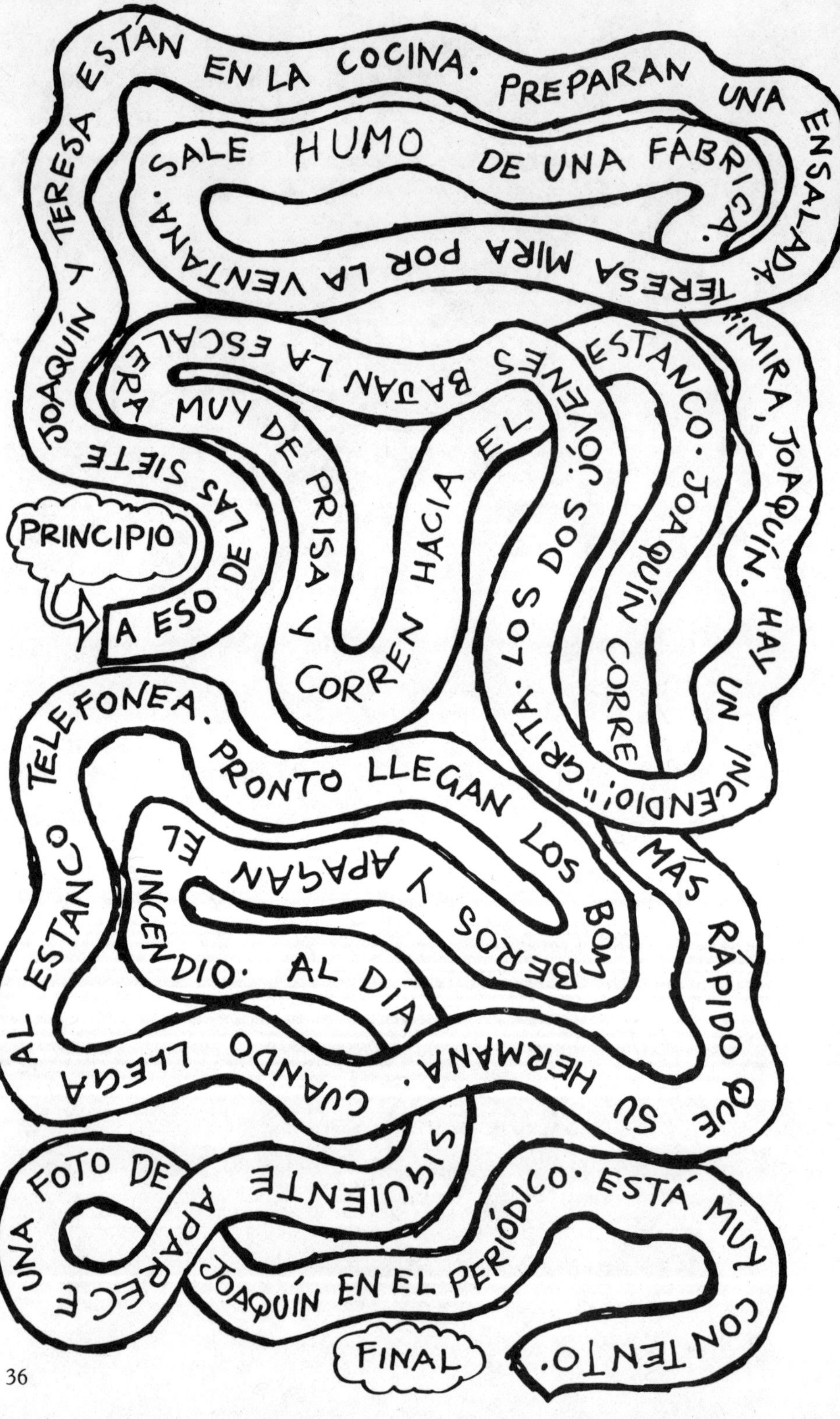
PRINCIPIO
A ESO DE LAS SIETE
JOAQUÍN Y TERESA ESTÁN EN LA COCINA. PREPARAN UNA ENSALADA.
TERESA MIRA POR LA VENTANA.
SALE HUMO DE UNA FÁBRICA.
"¡MIRA, JOAQUÍN. HAY UN INCENDIO!" GRITA.
LOS DOS JÓVENES BAJAN LA ESCALERA MUY DE PRISA Y CORREN HACIA EL ESTANCO.
JOAQUÍN CORRE MÁS RÁPIDO QUE SU HERMANA.
CUANDO LLEGA AL ESTANCO TELEFONEA.
PRONTO LLEGAN LOS BOMBEROS Y APAGAN EL INCENDIO.
AL DÍA SIGUIENTE APARECE UNA FOTO DE JOAQUÍN EN EL PERIÓDICO.
ESTÁ MUY CONTENTO.
FINAL

A Copie las frases y corrija las palabras en letra cursiva

1 *Joaquín y Teresa* apagan el incendio.
2 *Perros y gatos salen* de la fábrica.
3 Teresa y Joaquín *comen la* ensalada.
4 Cuando Joaquín llega *al hotel*, telefonea.
5 A eso de las siete, Joaquín y Teresa están *en el instituto.*
6 De pronto, *los profesores* llegan.
7 '¡Mira, Joaquín! Hay *un fantasma*,' grita Teresa.

B Conteste

1 ¿Qué hacen Joaquín y Teresa en la cocina?
2 ¿Qué hacen cuando Teresa ve el incendio?
3 ¿Qué hacen los bomberos?
4 ¿Quién mira por la ventana?
5 ¿Quién corre más rápido que Teresa?
6 ¿Quién está muy contento?
7 ¿Qué aparece en el periódico?
8 ¿Qué grita Teresa?

19 Conversación en la estación: El señor Hernández trabaja

Una señora ¿El tren que va a Barcelona, por favor?

El señor Hernández Andén número doce, señora.

La señora Gracias.

Un hombre ¿La consigna, por favor?

El señor Hernández Allí, a la derecha.

Una chica Por favor, ¿dónde está el bar-restaurante?

El señor Hernández A la derecha, señorita.

Un niño ¿Los lavabos, por favor?

El señor Hernández Al lado de la consigna.

Una niña (llorando) ¡Mamá! ¡Mamá!

El señor Hernández ¡Ah, estos viajeros!

En la estación

	Semid	TER	semid	semid Fer	TE	semid Fer
	4302	5362	1302/13-12	4204	362/577	4306
	2	1.2	2	2	1.2	2
Madrid (Atocha)	6.25	7.50	10.40	13.33	15.15	20.03
Aranjuez	7.06	—	—	14.16	—	20.45
Cuenca	9.35	10.26	14.16	16.49	17.51	23.12
Valencia	—	13.22	18.08	—	20.38	—

Conteste

1 ¿Para en Aranjuez el tren de las 6.25?
2 ¿Para en Aranjuez el tren de las 7.50?
3 ¿Para en Cuenca el tren de las 13.33?
4 ¿A qué hora llega a Valencia el tren de las 7.50?
5 ¿A qué hora llega a Cuenca el tren de las 15.15?
6 ¿Y el de las 10.40?
7 ¿A qué hora llega a Aranjuez el tren de las 20.03?
8 ¿Cuántos trenes paran en Aranjuez?
9 ¿Cuántos trenes paran en Cuenca?
10 ¿Cuántos trenes paran en Valencia?

20 El accidente

Es jueves. Joaquín va al instituto en bicicleta. Una señora pasea con su perro. De pronto el perro pasa delante de Joaquín y corre detrás de un gato. Joaquín se cae de la bicicleta.

'¡Ay!' grita.

Fernando y su hermana María van al instituto también. Corren a ver a Joaquín.

'¿Te duele algo?' le preguntan.

'¡Mis pantalones y mi chaqueta! ¡Están sucios!', replica Joaquín.

La señora cruza la calle y coge a su perro en los brazos. No mira a Joaquín.

'Ven aquí, tesoro,' dice.

A Conteste

1 ¿Qué día es?
2 ¿Adónde va Joaquín?
3 ¿Adónde van Fernando y su hermana?
4 ¿Qué hace el perro?
5 ¿Qué hace la señora?
6 ¿Qué hace Joaquín?
7 ¿Qué preguntan María y Fernando?
8 ¿Qué replica Joaquín?
9 ¿Qué dice la señora a su perro?
10 ¿Es simpática la señora?

B Describa los dibujos

La señora Hernández se cae de un taburete

El señor Hernández se cae de una escalera

Joaquín se cae de un avión

Lolita se cae de un tejado

C Complete y dibuje

1 El profesor se cae de . . .
2 Teresa se cae de . . .
3 La portera se cae de . . .
4 Isabel se cae de . . .

21 El museo

Es domingo. Está lloviendo. Joaquín y sus amigos van al museo. Ven una colección de revólveres, otra de cuchillos africanos, y una colección muy hermosa de porcelana. A las cinco salen del museo. 'Es interesante,' dice Fernando.

Una chica norteamericana mira el mapa de la ciudad. No habla español.

'Can you tell me where the museum is, please?' pregunta.

'Lo siento, señorita. No entiendo', dice Joaquín.

'¿Habla Ud. español? We speak not the English', dice Juan.

'Qué pena,' dice Joaquín a sus amigos.

A Conteste

1 ¿Qué dice Fernando?
2 ¿Qué dice Joaquín a sus amigos?
3 ¿Qué dice a la chica?
4 ¿Qué dice Juan?
5 ¿Qué ven los chicos en el museo?
6 ¿Qué mira la chica?
7 ¿Habla español la chica?
8 ¿Habla inglés Joaquín?
9 ¿A qué hora salen los chicos del museo?
10 ¿Qué tiempo hace?

B Construya frases

1 Joaquín dice . . .
2 Pablo y Teresa van a. . .
3 Los chicos salen de . . .
4 No hablo. . .
5 Ellas ven. . .
6 Carlos mira. . .

22 En el muelle

A las ocho de la mañana, Aurelia ve a Teresa y Joaquín en la calle. Van al instituto.

'Buenos días,' dice. 'No voy al instituto hoy. Voy al muelle.'

Hace sol. Aurelia pasea por el río con su amiga. Miran los barcos. Un pescador ofrece un pescado a Teresa.

'No, gracias señor,' dice sonriendo.

Después, Teresa, Aurelia y el pescador van a un café. Un hombre está sentado en la terraza. Ve a Teresa.

'¡Ay!' dice Teresa. '¡Es mi padre!'

A Conteste

1 ¿Qué dice Aurelia?
2 ¿Qué dice Teresa?
3 ¿Por dónde pasean Teresa y su amiga?
4 ¿Adónde van con el pescador?
5 ¿Dónde está sentado el señor Hernández?
6 ¿Ve a Teresa?
7 ¿Va Ud. al muelle hoy?
8 ¿Va Ud. al cine el sábado?
9 ¿Qué ofrece el pescador a Teresa?
10 ¿Qué tiempo hace?

B ¿Qué palabra quita Ud.?

1 una falda, un jersey, una portera, un sombrero, una camisa
2 leche, queso, cereza, sótano, melocotón
3 un sofá, un taburete, una cama, un armario, una tienda

23 Los peces

Teresa y María están en un jardín. El jardín está detrás de una casa abandonada. María mira los peces en un estanque pequeño. Teresa se sube a un árbol.

De pronto una rama se rompe, y Teresa se cae en el estanque.

'¡Ay, ay, ay!' grita.

'¿Qué pasa?', pregunta María.

Teresa se ríe.

'Nada, pero a los peces no les gusta,' replica.

A Copie las frases y corrija las palabras en letra cursiva

1 María mira *la televisión.*

2 Teresa se cae *al río.*

3 Teresa y María están en *el instituto.*

4 Teresa se sube a *una pared.*

5 *Una botella* se cae.

6 El jardín está detrás *del árbol.*

B Conteste

1 ¿Dónde están Teresa y María?

2 ¿Dónde están los peces?

3 ¿Dónde está el jardín?

4 ¿Dónde está el estanque?

5 ¿Qué grita Teresa?

6 ¿Qué pregunta María?

7 ¿Qué contesta Teresa?

8 ¿Qué hay en el jardín?

9 ¿Qué hace María?

10 ¿Quién se ríe?

24 La colonia de vacaciones – la salida

Joaquín, Teresa y sus amigos están en el tren. Van a una colonia de vacaciones. El tren sale dentro de cinco minutos. Los jóvenes leen revistas y beben limonadas.

El encargado espera a Aurelia en el andén. Teresa mira por la ventana del tren. Su amiga llega con su padre.

Corren. Aurelia lleva una mochila, una bolsa de tela y un cesto. Su padre lleva una maleta grande.

'¡Dios mío!' dice el encargado.

A Conteste

1 ¿Dónde están los jóvenes?
2 ¿Adónde van?
3 ¿Qué hace Teresa?
4 ¿Qué hace el encargado?
5 ¿Qué hacen los jóvenes?
6 ¿Qué hacen Aurelia y su padre?
7 ¿Qué lleva Aurelia?
8 ¿Qué lleva su padre?
9 ¿Qué dice el encargado?
10 ¿Cuándo sale el tren?

B Copie y siga hasta diez

Me voy de viaje y pongo en la maleta: un libro, dos calcetines, tres pantalones . . .

C Repita rápidamente

El perro de Roque no tiene rabo porque Ramón Ramírez se lo ha cortado.

25 La colonia de vacaciones – conversación en la calle

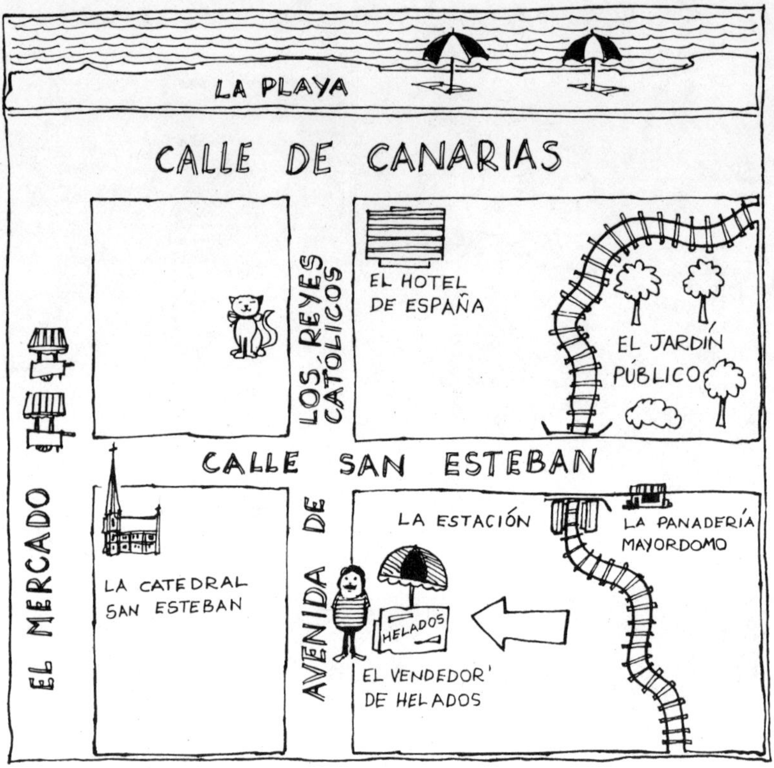

El vendedor ambulante ¡Helados! ¡Caramelos! ¡Cacahuetes!
Una señora Perdón, ¿la catedral por favor?
El vendedor ambulante La primera a la izquierda, señora. ¡Helados! ¡Caramelos! ¡Cacahuetes!
La señora Gracias.
Un señor mayor ¿El hotel de España por favor?
El vendedor Siga recto, señor. ¡Helados! ¡Caramelos! ¡Cacahuetes!
Una estudiante Perdón, ¿la estación por favor?
El vendedor La primera a la derecha, señorita. ¡Helados! ¡Caramelos! ¡Cacahuetes!

Joaquín Un paquete de caramelos por favor.
El vendedor ¡Por fin un cliente!

A Conteste

1 ¿Adónde va la señora?
2 ¿Adónde va el señor mayor?
3 ¿Adónde va la estudiante?
4 ¿Qué dice el vendedor a la estudiante?
5 ¿Qué dice a Joaquín?

B Conversación en la calle

Pregunte dónde está:
1 la playa **2** la panadería Mayordomo **3** el parque **4** el mercado

Escriba sus preguntas y las respuestas del vendedor ambulante.

C Dibuje un mapa

Ponga un supermercado, una farmacia, un café, una pastelería y una carnicería en su mapa.

26 La colonia de vacaciones – en la montaña

Es quince de agosto. Joaquín, Teresa y Fernando están en la montaña. Los jóvenes suben a un peñón. Hace calor. Fernando se detiene y bebe agua. Joaquín sube delante de Teresa. De pronto, resbala. Coge una rama, pero, es igual, ¡resbala! Tiene miedo. '¡Ayúdame!' grita.

Teresa pone la mano bajo el pie de su hermano. Poco a poco, Joaquín sube de nuevo.

'Gracias, Teresa,' dice. '¡Eres estupenda!'

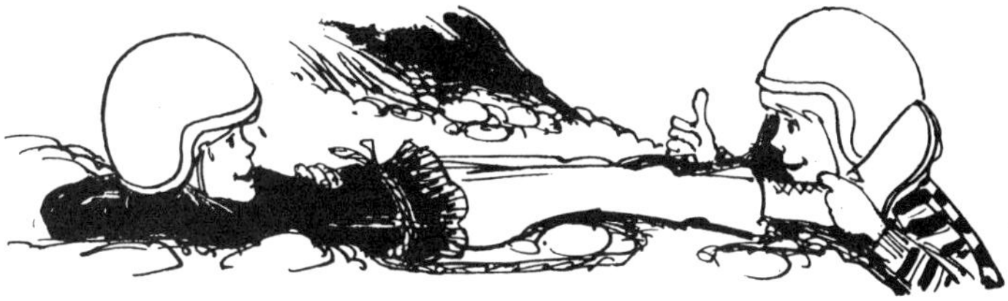

A Haga correcciones

1 Es 15 de septiembre.
2 Está lloviendo.
3 Fernando bebe vino.
4 Un perro sube delante de Teresa.
5 Joaquín coge una flor.
6 Teresa pone la nariz bajo el pie de su hermano.

B Conteste

1 ¿Dónde están Joaquín y Teresa?
2 ¿Quién resbala?
3 ¿Qué grita Joaquín?
4 ¿Qué hacen los jóvenes?

27 La colonia de vacaciones – el castillo

Los jóvenes visitan un castillo. Están en el salón del rey. 'Miren esta magnífica chimenea y esos sillones del siglo XVIII,' dice el guía.

'Admiren esta bonita pintura. A la derecha está Cristóbal Colón con los Reyes Católicos y a la izquierda está la Santa María en el puerto.'

Teresa y Fernando no escuchan al guía. Miran el retrato de una mujer pintado por Velázquez.

'Es guapa', dice Teresa.

'Tú eres guapa también,' contesta Fernando.

Teresa se pone colorada. Fernando es un chico muy simpático.

A Conteste

1 ¿Qué hacen los jóvenes?
2 ¿Dónde están?
3 ¿Qué miran Teresa y Fernando?
4 ¿Dónde está Cristóbal Colón?
5 ¿Dónde está la Santa María?
6 ¿Qué dice Teresa?
7 ¿Qué contesta Fernando?
8 ¿Escuchan al guía Teresa y Fernando?
9 ¿Es guapa Teresa?
10 ¿Quién es simpático?

B Adivinanzas

1 Un hombre que coge peces – ¿quién es?
2 Tiene un tejado, un comedor, tres dormitorios, una cocina, un cuarto de baño y un jardín – ¿qué es?
3 Tiene un tronco, hojas y ramas – ¿qué es?

Vocabulario

a to, at, for
abandonada deserted
abierta open
abre he opens
un **accidente** an accident
acepta he accepts
se **acerca** he approaches
adiós goodbye
adivinanzas riddles
admiren admire
adónde where
africanos African
agosto August
el **agua** water
una **aguja** needle
al to
¡ale! go on!
allí there
un **alumno** pupil
amarillo yellow
ambulante (un vendedor) street vendor
un **amigo** friend
anda he walks
el **andén** platform
años years
antipática unpleasant
apagan they put out
aparece he appears
aquí here
el **árbitro** referee
un **árbol** tree
un **armario** cupboard, wardrobe
un **autobús** bus
un **avión** airplane
¡ay! drat! oh dear!
¡ayúdame! help!

bailar to dance
baja take . . . down, she goes down
bajan they go down
bajo underneath
un **balón** ball
el **baloncesto** basketball
una **bandeja** tray
un **barco** boat
un **bar-restaurante** bar and restaurant
bebe he drinks
beben they drink
una **bicicleta** bicycle
bien good, well
blanco white
una **bolsa de tela** a string bag
un **bolso** bag
un **bolsillo** pocket
un **bombero** fireman
bonito(a) pretty
una **botella** bottle
bravo bravo, well done
un **brazo** arm
bueno(a)(as) good
busca he looks for

una **cabeza** head
los **cacahuetes** peanuts
cada each
se **cae** he falls
un **café** coffee, cafe
la **caja** box
los **calcetines** socks
¡cállate un poco! be quiet!
una **calle** street
hace **calor** it is hot
una **cama** bed
un **camarero** waiter
una **camisa** shirt
el **campeonato de liga** soccer championship
el **campo** country
los **caramelos** sweets
la **carnicería** butcher's (shop)
un **cartón** cardboard box
una **casa** house
un **castillo** castle
la **catedral** cathedral
las **cerezas** cherries
la **cerveza** beer
un **cesto** basket
ciento a hundred
cinco five
el **cine** movies
la **cita** appointment, date
la **ciudad** town
la **clase** class, classroom
la **cocina** kitchen
coge he grabs, takes, catches
un **cojín** cushion
una **colección** collection
la **colonia de vacaciones** vacation center for young people
se pone **colorada** she blushes
un **comedor** living room
come he eats
comen they eat
comer to eat
¿cómo *te llamas?* what is your name?
¿cómo *se llaman?* what are their names?
compran they buy
con with
el **coñac** cognac
una **confitería** sweet shop
la **consigna** left luggage
construya frases make up sentences

contento pleased, happy
contesta he answers
contestan they reply
conteste answer
la **conversación** conversation
copie copy
corre he runs
haga **correcciones** do corrections
corren they run
correos post office
cortado cut
las **cosas** things
cruza he crosses
cruzando crossing
los **cuadernos** notebooks
cuándo when
cuántos how many
cuarenta forty
y **cuarto** quarter past
el **cuarto de baño** bathroom
los **cuchillos** knives
¡cuidado! be careful!

una **chaqueta** jacket
charla he speaks, talks
charlan they talk
una **chica** girl
un **chicle** chewing gum
un **chico** boy
una **chimenea** fireplace
un **chocolate** chocolate
el **chorizo** sausage

da he gives
de of, from
deja he leaves
del of, of the
delante de in front of
dentro de in, inside of
de pronto suddenly
a la **derecha** on the right
desagradable unpleasant
describa a, al describe
después afterwards
se **detiene** he stops
detrás de behind
un **día** day
dibuje draw
los **dibujos** drawings
un **diccionario** dictionary
dice he says, she says
diez ten
¡Dios mío! my goodness!
una **discoteca** discotheque
doce twleve
domingo Sunday
¿dónde? where?
un **dormitorio** bedroom
dos two
duda he hesitates
¿te **duele algo?** are you hurt?
duerme he sleeps

un **edificio** building
un **ejercicio** exercise
el the
él he, him
ella she
ellos, ellas they
empezar to start
en in, on
el **encargado** youth leader
enciende he puts on the light
una **ensalada** salad
no **entiendo** I don't understand
entra he goes in
entran they go in
un **equipo** team
eres you are
es he, she, it is
una **escalera** stairs, ladder
esconde he hides
escriba write
escribe he writes
escriben they write
escuchan they listen
a **eso de** at about . . .
esos those
España Spain
español Spanish
los **espectadores** spectators
un **espejito** a small mirror
espera he waits
está he, she, it is
la **estación** station
están they are
un **estanco** tobacconist's (shop)
un **estanque** pond
esto this
estos these
un **estudiante** student
estupendo(a) marvellous, great

una **fábrica** factory
una **falda** skirt
una **familia** family
un **fantasma** ghost
una **farmacia** drugstore
una **flor** flower
una **foto** photo
una **frase** sentence
frena he brakes
una **fresa** strawberry
las **frutas** fruit

las **gafas de sol** sunglasses
una **gata** cat

un **gato** cat
un **gol** goal
gracias thank you
grande big
gris grey
grita he screams, shouts
guapa pretty
un **guardia** policeman
un **guía** guide
me **gusta** I like
no le **gusta** he doesn't like him, her, it
no les **gusta** they don't like (it)
no me **gustan** I don't like
con mucho **gusto** with pleasure

habla he speaks, talks
¿habla Ud? do you speak?
hablan they talk
hablo I speak
se lo **ha cortado** he has cut it
hace he does, makes
hacen they do, make
hacia to
haga do, make
hasta till, up to
hay there is
un **helado** ice cream
una **hermana** sister
un **hermano** brother
hermosa beautiful
los **hijos** children
una **hoja** leaf
hola hello
un **hombre** man
una **hora** hour
¿a qué hora? what time?
las **hortalizas** vegetables
hoy today
el **humo** smoke
el **humor** mood

igual equal, same
no **importa** it doesn't matter
un **incendio** fire
inglesa English
un **Instituto de Segunda Enseñanza** secondary school
es **interesante** it is interesting
una **invitación** invitation
ir to go
a la **izquierda** on the left

un **jardín** garden
una **jaula** cage
un **jersey** jersey, cardigan
los **jóvenes** young people
juegan they play
jueves Thursday

los **kilómetros** kilometres
los **kilos** kilos

la the
el **laboratorio de química** chemistry laboratory
al **lado de** next to
un **ladrón** thief
la **lana** wool
lanza he throws
las the
una **lata de conservas** can
los **lavabos** toilets
le him, her, it
lea read
la **leche** milk
leen they read
leer to read
les them
la **letra cursiva** italics
se **levanta** he gets up
un **libro** book
una **limonada** lemonade
una **linterna** torch
loco mad
los the
lunes Monday
la **luz** light

se **llaman** their name is
te **llamas** your name is
me **llamo** my name is
llega he arrives
llegan they arrive
lleva he wears, he carries
llorando crying
está **lloviendo** it is raining

una **maceta** pot
una **madre** mother
magnífica magnificent
mal badly
una **maleta** case
mamá Mom, Mommy
la **mañana** morning
la **mano** hand
el **mapa** map
ha **marcado** *un gol* he has scored a goal
se **marcha** he goes
marrón brown
más more
más rápido faster
mayor older, greater
me gusta I like
mediodía noon
un **melocotón** peach
menos less

un **mercado** market
una **mesa** table
mi my
tiene **miedo** he is frightened, scared
miércoles Wednesday
un **minuto** minute
mira look, he looks
miran they look
están **mirando** they are watching
mire look
miren look at
una **mochila** rucksack
una **montaña** mountain
un **mostrador** counter
una **moto** motor bike
muchas many
mucho (a) lot (of)
un **muelle** quay, embankment
una **mujer** woman
muy very

nada nothing
una **nariz** nose
negro(a) black
una **niña** girl
no no
una **nota** message, note
de **nuevo** again
los **números** numbers

ochenta eighty
ocho eight
a las **ocho** *menos diez* at ten to eight
ofrece he offers
a **oscuras** dark
otra another

un **padre** father
los **padres** parents
una **página** page
una **palabra** word
¿qué **palabra** *quita usted?* find the odd one
pálido pale
el **pan** bread
la **panadería** bakery
los **pantalones** slacks
la **papelera** basket
un **paquete** packet
se **para** he stops
paran they stop
una **pared** wall
un **parque** park
un **partido** match
¿qué **pasa?** what is the matter? what is going on?
pasan *por* they pass by
pasea he goes for a walk
se **pasean** they go for a walk
un **pastel** cake
una **pastelería** cake shop
un **patio** yard
los **peces** fish
un **pelo** hair
una **pelota** ball
¡qué **pena!** what a pity!
un **peñón** rock
pequeño(a) small
perdón sorry
un **periódico** newspaper
pero but
un **perro** dog
un **pescado** fish
un **pescador** fisherman
un **pie** foot
pintado painted
una **pintura** painting
un **piso** apartment
una **playa** beach
un **poco** a little
un **policía** policeman
pon put
pone he puts
ponga put
pongo I put,
por by, along
por favor please
por fin finally
por la mañana in the morning
por la noche at night
por la tarde in the afternoon
la **porcelana** porcelain, fine china
porque because
una **portera** caretaker
una **pregunta** question
pregunta he asks
preguntan they ask
preparan they prepare
primera first
principio start
de **prisa** fast
los **profesores** teachers
de **pronto** suddenly
pronto quickly
pronuncie pronounce
puede she can, you can
¿**puede Ud?** could you?
un **puente** bridge
una **puerta** door
un **puerto** port

que than, who
¡qué . . . ! these . . . !
¿qué? what? which?
se **queda** he stays
un **queso** cheese
quién who
quieres you want
quiero I want

la **química** chemistry
quince fifteen
quita Ud. pick out

un **rabo** tail
una **rama** branch
rápidamente quickly
más **rápido** faster
recto straight ahead
redonda round
un **reloj** watch
repita repeat
replica he answers
resbala he slips
respuestas answers
un **retrato** portrait
una **revista** magazine
un **revólver** gun
un **rey** king
los **Reyes Católicos** the Catholic Kings
rían laugh
se **ríe** he laughs
se **ríen** they laugh
un **río** a river
una **roca** rock
rojo(a) red
se **rompe** it breaks

sábado Saturday
saca a bailar he invites for a dance
sal go out
sale he goes out
salen they go out
la **salida** departure, exit
un **salón** living room
salta he jumps
tengo **sed** I am thirsty
en **seguida** right away
segundo(a) second
seis six
señor sir, Mr.
señora madam, Mrs., lady
señorita miss
está **sentado** he is sitting
septiembre September
sí yes
se **sienta** he sits down
lo **siento** I am sorry
a las **siete** at seven
siga carry on
siglo century
siguiente next
silba he whistles
una **silla** chair
un **sillón** armchair
simpático kind, nice
un **sitio** place
sobre on
un **sofá** settee, couch
el **sol** sun
un **sombrero** hat
son they are
sonríe he smiles
sonriendo smiling
un **sótano** cellar
su his, her, your, their
sube she goes up, climbs
suben they climb
sucio dirty
un **supermercado** supermarket

un **taburete** stool
¿qué **tal?** are you all right? how are you?
también also
la **tarde** evening
tarde late
más **tarde** later
una **tartera** lunch box
un **té** tea
un **techo** roof
un **tejado** roof
telefonea he telephones
una **televisión** television
tengo *sed* I am thirsty
tercera third
termina he finishes
termine finish
una **terraza** terrace
un **tesoro** treasure, darling
¿qué **tiempo hace?** what is the weather like?
el **tiempo** time
una **tienda** shop
tiene he has, you have
un **tío** uncle
tira he throws, knocks over
todos all
toma he takes
toman they take
tonta silly
trabaja he works
treinta y tres thirty-three
un **tren** train
tres three
triste sad
un **tronco** trunk
tropieza she bumps into
un **trozo** piece
tú you

Ud. (usted) you
unos some

unir put together

va he goes
las **vacaciones** vacation
vamos let's go
van they go
un **vaso** glass
Vd.(usted) you
ve he sees
veinte twenty
veinticinco twenty-five
la **velocidad** speed
ven they see; come
vende he sells
un **vendedor ambulante** street vendor
vengo I'm coming
venir to come
una **ventana** window
ver to see
un **vestido** dress
la primera **vez** first time
me voy de **viaje** I am going on a trip
un **viajero** passenger
viejo(a) old
un **vino** wine
visitan they visit
visitar to visit
voy I am going
vuelve he goes back

y and

Teresa y Joaquín escriben

A	B	C	D	E	F	G	
1	2	3	4	5	6	7	
H	I	J	K	L	M	N	O
8	9	10	11	12	13	14	15
P	Q	R	S	T	U	V	W
16	17	18	19	20	21	22	23
X	Y	Z					
24	25	26					

NTC SPANISH TEXTS AND MATERIALS

Computer Software
Basic Vocabulary Builder on Computer
Amigo: Vocabulary Software

Videocassette, Activity Book, and Instructor's Manual
VideoPasaporte Español

Graded Readers
Diálogos simpáticos
Cuentitos simpáticos
Cuentos simpáticos
Beginner's Spanish Reader
Easy Spanish Reader

Workbooks
Así escribimos
Ya escribimos
¡A escribir!
Composiciones ilustradas
Nueva gramática comunicativa
Spanish Verb Drills
Spanish Grammar in Review

Exploratory Language Books
Spanish for Beginners
Let's Learn Spanish Picture Dictionary
Spanish Picture Dictionary
Getting Started in Spanish
Just Enough Spanish

Conversation Books
¡Empecemos a charlar!
Basic Spanish Conversation
Conversando
Diálogos contemporáneos
Everyday Conversations in Spanish
Al corriente
Manual and Audiocassette
How to Pronounce Spanish Correctly

Text and Audiocassette Learning Packages
Just Listen 'n Learn Spanish
Just Listen 'n Learn Spanish Plus
Just Listen 'n Learn Business Spanish
Practice and Improve Your Spanish
Practice and Improve Your Spanish Plus
Destination Spanish

High-Interest Readers
Sr. Pepino Series
- La momia desaparece
- La casa embrujada
- El secuestro

Journeys to Adventure Series
- Un verano misterioso
- La herencia
- El ojo de agua
- El enredo
- El jaguar curioso

Humor in Spanish and English
Spanish`a la Cartoon

Puzzle and Word Game Books
Easy Spanish Crossword Puzzles
Easy Spanish Word Games & Puzzles
Easy Spanish Vocabulary Puzzles
Easy Spanish Word Power Games

Transparencies
Everyday Situations in Spanish

Black-line Masters
Spanish Verbs and Vocabulary Bingo Games
Spanish Crossword Puzzles
Spanish Word Games for Beginners
Spanish Culture Puzzles
Spanish Word Games
Spanish Vocabulary Puzzles
Creative Communicative Activities for the Spanish Cla

Handbooks and Reference Books
Complete Handbook of Spanish Verbs
Spanish Verbs and Essentials of Grammar
Nice 'n Easy Spanish Grammar
Tratado de ortografía razonada
Redacte mejor comercialmente
Guide to Correspondence in Spanish
Guide to Spanish Idioms
Side by Side Spanish & English Grammar
Guide to Spanish Suffixes
Spanish Grammar in Review
¡Escriba con estilo!
BBC Phrase Book

Dictionaries
Vox Modern Spanish and English Dictionary
Vox New College Spanish and English Dictionary
Vox Compact Spanish and English Dictionary
Vox Everyday Spanish and English Dictionary
Vox Traveler's Spanish and English Dictionary
Vox Super-Mini Spanish and English Dictionary
Cervantes-Walls Spanish and English Dictionary

NTC

For further information or a current catalog, write:
National Textbook Company
a division of *NTC Publishing Group*
4255 West Touhy Avenue
Lincolnwood, Illinois 60646–1975 U.S.A.